BEI GRIN MACHT SICH IHR WISSEN BEZAHLT

- Wir veröffentlichen Ihre Hausarbeit,
  Bachelor- und Masterarbeit

- Ihr eigenes eBook und Buch -
  weltweit in allen wichtigen Shops

- Verdienen Sie an jedem Verkauf

Jetzt bei www.GRIN.com hochladen und kostenlos publizieren

Nadine Stern

Mitgift: Gift für die Seele

Hintergründe und Konsequenzen der Mitgiftpraxis für das Leben indischer Frauen in Kindheit, Jugend und Heiratsalter

GRIN Verlag

Bibliografische Information der Deutschen Nationalbibliothek:

Die Deutsche Bibliothek verzeichnet diese Publikation in der Deutschen National-
bibliografie; detaillierte bibliografische Daten sind im Internet über http://dnb.d-
nb.de/ abrufbar.

Impressum:

Copyright © 2003 GRIN Verlag GmbH
Druck und Bindung: Books on Demand GmbH, Norderstedt Germany
ISBN: 978-3-638-95734-2

Dieses Buch bei GRIN:

http://www.grin.com/de/e-book/30531/mitgift-gift-fuer-die-seele

GRIN - Your knowledge has value

Der GRIN Verlag publiziert seit 1998 wissenschaftliche Arbeiten von Studenten, Hochschullehrern und anderen Akademikern als eBook und gedrucktes Buch. Die Verlagswebsite www.grin.com ist die ideale Plattform zur Veröffentlichung von Hausarbeiten, Abschlussarbeiten, wissenschaftlichen Aufsätzen, Dissertationen und Fachbüchern.

Besuchen Sie uns im Internet:

http://www.grin.com/

http://www.facebook.com/grincom

http://www.twitter.com/grin_com

Justus-Liebig-Universität Giessen
Fachbereich 03 Sozial- und Kulturwissenschaften
Proseminar: Frauensozialisation im interkulturellen Vergleich
Wintersemester 2002/2003

Mitgift: Gift für die Seele

-Hintergründe und Konsequenzen der Mitgiftpraxis für das Leben indischer Frauen in Kindheit, Jugend und Heiratsalter

Vorgelegt von:

Nadine Stern

2

Inhaltsverzeichnis

1. Einleitung

„Mit der Mitgiftpraxis wird der Wert oder Nicht-Wert weiblicher Existenz zugespitzt und materialisiert, was besonders in der Jugend zu unlösbaren intra- und interpersonalen Konflikten führen kann."[1]

Diese Konflikte, welche sich aus der Praxis der *dowry* in Indien ergeben, sollen in der vorliegenden Arbeit dargestellt werden. Für bemerkenswert halte ich, wie stark sich ein auf den ersten Blick rein ökonomisches Phänomen auf die Sozialisation der indischen Frauen auswirkt. „Sozialisation ist- und dies ist Konsens in der gegenwärtigen Sozialisationsdebatte- zu verstehen als Prozess der Entstehung und Entwicklung der Persönlichkeit in wechselseitiger Abhängigkeit von der gesellschaftlich vermittelten sozialen und materiellen Umwelt."[2] Gerade bei dieser Entwicklung hin zu einem gesellschaftsfähigen Wesen stellt die Praxis der Mitgift im Kontext mit anderen kulturspezifischen Aspekten einen Faktor dar, welcher auf das Leben indischer Frauen und Mädchen unglaubliche Auswirkungen hat.

Die Folgen- soziale, ökologische, sowie psychologische- sollen hier in Bezug auf die ersten Lebensphasen der indischen Frau dargestellt werden.

Vieles weitere könnte noch gesagt werden: von den Mitgiftmorden, den grausamen psychischen und oft auch körperlichen Qualen, die Frauen auch nach der Ehe aufgrund dieser Konvention zu erleiden haben bis hin zu Initiativen und Anstrengungen, die gegen die Mitgiftpraxis unternommen wurden. Bezeichnend ist besonders, das das unter normalen Umständen überall auf der Welt etwa ausgeglichene Geburtenverhältnis von Männern und Frauen in Indien soweit verschoben ist, dass inzwischen auf 1000 Männer nur noch ca. 933 Frauen kommen.[3] All das wirft in den beschriebenen Phasen der Kindheit und Jugend bereits seinen Schatten voraus.

Ein Problem bei der Darstellung der Mitgiftpraxis ist die Differenzierung aufgrund von Schichtunterschieden sowie von Unterschieden zwischen ländlichem und urbanem Leben. Noch immer leben ca. 70% der Bevölkerung Indiens auf dem Land[4] und ohne Frage hat die Mitgiftpraxis auch dort ihre Auswirkungen. Tatsache ist aber, dass sie in modernen Kreisen- der Mittel- und gehobenen Mittelschicht nicht etwa zurückgeht, sondern vielmehr besonders extensiv praktiziert wird. Es scheint sich um ein genuines Modernitätsphänomen zu handeln, dass nicht mehr viel mit der Abwertungstradition, sondern vielmehr mit der Übernahme eines westlichen Konsummodells zu tun hat.

---

[1] Anna Reiter (1997): „Die Tochter ist das ärgste Elend". Wie Frauen in Indien zu Frauen gemacht werden, Frankfurt: Campus , S. 126
[2] Peter Zimmermann (2000, 6. Auflage): Grundwissen Sozialisation, Opladen: Leske & Budrich, S. 16
[3] Zahlenmäßiges Geschlechterverhältnis von 2000: http://www.censusindia.net/results/provindia1.html

Der Bezug zum seminarübergreifenden Thema „Frauensozialisation im interkulturellen Vergleich" ergibt sich m.e. insbesondere daraus, dass es sich bei der Mitgiftpraxis um ein Phänomen handelt, dass Indien von den Kulturräumen China und Japan unterscheidet. Es soll untersucht werden, inwiefern es dennoch die Identität indischer Frauen beeinflusst .

Die Mitgiftpraxis ist sicherlich ein Sozialisierungsaspekt, der – eingeordnet in den historischen und kulturellen Kontext- den Zugang zu dem kulturspezifischen indischen Frauenbild wesentlich erleichtern kann.

Meine Ausführungen beginne ich aufgrund dieser Ausgangsthese mit einer Darstellung des gesellschaftlichen und historischen Hintergrundes der Mitgiftpraxis.

Im folgenden beschreibe ich chronologisch die Anfangsphasen des Lebens einer indischen Frau und gehe hierbei auf die jeweiligen Auswirkungen der Mitgiftpraxis ein. Beginnend mit der Kindheit, in der das Schwergewicht auf den psychischen Auswirkungen liegt, fahre ich mit der Beschreibung der Jugend indischer Mädchen fort, in der sie oft in der Erwartung der kommenden Ehe unter dem besonderen psychischen und ökonomischen Druck stehen, gemeinsam mit den Eltern die Mitgift aufzubringen. Häufig sind auch noch die ersten Ehejahre, von der Mitgiftproblematik überschattet. Im Extremfall kann es sich dabei gar um eine Frage von Leben und Tod handeln: nach offiziellen Zahlen (die Dunkelziffern sind hoch) werden derzeit jährlich ca. 5000 Mitgiftmorde begangen. [5]

In meiner Schlussbetrachtung möchte ich die Ergebnisse kurz zusammenfassen. Außerdem soll noch einmal abschließend eine Einordnung in den Kontext des Seminars stattfinden und ein Fazit gezogen werden.

1. Gesellschaftliche und historische Hintergründe der Mitgiftpraxis

„Soziale Rollen und Rollenerwartungen, die von Männern und Frauen in konkretem sozialen Situationen als verpflichtende Norm erfahren werden, sind abhängig von der Kultur der jeweiligen Gesellschaft, die ihrerseits wiederum das Ergebnis oft weit in die Vergangenheit zurückreichender historischer Prozesse ist.'[6]

Um den Einfluss zu begreifen, den die Mitgiftpraxis auf den Sozialisationsprozess indischer Mädchen und Frauen hat, sollen daher hier zunächst überblickartig historische und gesellschaftliche Hintergründe dieses Phänomens beleuchtet werden. Hierbei ist zu beachten, dass die charakteristische „Vielfalt der Lebensformen und Kulturen" in Indien- die „soziale

---

[4]VHS: Indien: Der Elefant erwacht, Indien ungeliebte Töchter, 1997
[5] vgl. http://www.dadalos.org/deutsch/Menschenrechte/Grundkurs_MR3/frauenrechte/warum/mitgift.html
[6] Mies, Maria(1973): Indische Frauen zwischen Patriarchat und Chancengleichheit, Rollenkonflikte studierender und berufstätiger Frauen, Meisenheim am Glan: Syndikat, S. 19

Stellung von Frauen ist kasten- und klassenspezifisch unterschiedlich"[7]- Generalisierungen schwierig macht.

Was dennoch zunächst für alle Frauen gilt, sind die Gesetze des ca. 200- 300 n.Chr. lebenden Gesetzeslehrers Manu, der die Stellung der Frau neu definierte: „ Die Frau ist so falsch wie die Falschheit selbst. (...) Als er sie erschuf, teilte der Gott aller Kreaturen den Frauen die Liebe zu ihrem Bett, ihrem Stuhl und Tand zu, ebenso unreine Gedanken, Zorn, Unehrlichkeit, Gehässigkeit und schlechtes Betragen. (...) Von der Wiege bis zum Grab ist eine Frau von einem Mann abhängig: in der Kindheit von ihrem Vater, in der Jugend von ihrem Gatten, im Alter von ihrem Sohn."[8] Diese und viele andere Zuschreibungen und Verhaltensregeln die unbedingten Gehorsam und Anbetung des Mannes von der Frau verlangen gelten auf den Dörfern noch heute als verbindlicher Maßstab für das Verhältnis zwischen den Geschlechtern.

In diesem Kontext wird vielleicht leichter verständlich, wie die Mitgift, die früher den Frauen als persönlicher Besitz mit in die Ehe gegeben wurde unter den wachsenden Konsumansprüchen einer sich wandelnden Gesellschaft immer häufiger missbraucht werden konnte. „Während Frauen in den verschiedenen Brautpreissystemen[9] als ′wertvoll ′angesehen werden, ist das in dem indischen dowry oder Mitgiftsystem, das zunächst nur in den höheren patrilinearen und patriarchalischen Kasten und Klassen existierte, gerade umgekehrt."[10]

Dennoch lässt die indische Gesellschaft den Frauen keine andere Alternative als die Hochzeit: - eine unverheiratete Frau ist nicht nur gesellschaftlich geächtet, sondern gilt als Schande für ihre Familie. Bei den Hindus gehört zu den religiösen Pflichten eines Mannes neben dem Zeugen von Söhnen auch die Verheiratung seiner Töchter. Durch die Erfüllung dieser Pflicht kommt er möglicherweise seiner Erlösung einen kleinen Schritt näher und kann auf eine bessere Wiedergeburt in seinem nächsten Leben hoffen. Nur so, sagen die Hindus, lässt sich Erlösung finden - koste es, was es wolle.

In Indien sind Mitgiftzahlungen seit 1961 verboten. Das Strafgesetzbuch wurde dort 1986 außerdem um den Zusatz ergänzt, dass der Ehemann oder seine Angehörigen in den ersten sieben Ehejahren bis zum Beweis ihrer Unschuld für jeden unnatürlichen Tod einer Ehefrau verantwortlich zu machen sind, sofern ihnen vorausgegangene Schikanen nachgewiesen

---

[7] Beide in diesem Satz enthaltenen Zitate: Hildegard Scheu (1993): Entwicklungsziel: Frauenmacht! Frauenarbeit und Frauenorganisationen in Indien, Frankfurt a.M.: IKO, S. 16
[8] Elisabeth Bumiller (1992): Hundert Söhne sollst du haben...Frauenleben in Indien. München: Knesebeck , S. 21
[9] vgl. Maria Mies (1985): Brautpreis, Mitgift und Mitgiftmorde in Indien, in: Beiträge zur feministischen Theorie und Praxis - Geld oder Leben 15/16. Köln: Eigenverlag des Vereins Sozialwissenschaftlicher Forschung und Praxis für Frauen. In ihrem Aufsatz stellt Mies Mitgift und Brautpreis nebeneinander. Der Brautpreis wird entgegen der Mitgift in der Regel von der Familie des Bräutigams an die Familie der Braut gezahlt
[10] ebd., S. 78

werden können. Mitgiftmorde werden jedoch auch weiterhin begangen. Meist unter dem Mantel der Verschwiegenheit, von Verwandten, Nachbarn und der Polizei ignoriert.

Eine Öffentlichkeit für solche Fälle entstand sehr spät: Mitte der 70er Jahre Hatte die Regierung den alarmierenden Bericht „Auf dem Weg zur Gleichheit" veröffentlicht, indem sich die Lage der Frauen in Indien seit der Unabhängigkeit als eine sich verschlechternde darstellte. Erst Ende der siebziger Jahre kamen Begriffe wie 'Braut-Verbrennung` und 'Mitgift- Mord´ in Indien in Umlauf, als eine kleine Gruppe von Feministinnen gegen einzelne Fälle, die in der Öffentlichkeit bekannt wurden, protestierte.[11]

Dennoch: im Geschlechterverhältnis Indiens „gehört zu Herrschaft und Kontrolle als gewichtiger Faktor [weiterhin] die Notwendigkeit der Heirat und die weit über die Person der Braut hinausreichende Übereignung von Sach- und Geldmitteln von der Brautfamilie an die Familie des Bräutigams."[12]

Von dieser Praxis wird bereits im indischen Epos des Mahabarata (ca. 400 v.Chr. bis 400 n.Chr.) berichtet und trotz des Kampfes feministischer Gruppen gegen die Mitgiftpraxis und – morde wird sich ein Änderungsprozess nur sehr schwerfällig vollziehen. Zuviel profitiert die männliche Welt- die Welt der die Mächtigen entstammen- von der frauenfeindlichen Kultur, um ernsthafte Schritte in Richtung einer Veränderung zu unternehmen.

3. Konsequenzen der Mitgiftpraxis in der Lebensphase der Kindheit

3.1. Soziale und ökonomische Konsequenzen

Im vorliegenden Unterabschnitt soll die Phase im Leben eines indischen Mädchens beschrieben werden, die etwa bis zum Eintritt in die Pubertät andauert.

Angesichts der im vorangehenden Teil beschriebenen horrenden Mitgiftzahlungen ist in ökonomischer Hinsicht nicht verwunderlich, „dass die Geburt eines oder gar mehrerer Mädchen für eine Familie (...) eine Katastrophe ist."[13]

Tatsächlich gehört für ein indisches Mädchen aus diesen Gründen schon eine gehörige Portion Glück dazu, überhaupt auf die Welt zu kommen: „Die Diskriminierung der Mädchen

---

[11] Elisabeth Bumiller (1992): Hundert Söhne sollst du haben...Frauenleben in Indien. München: Knesebeck , S. 66
[12] Anna Reiter (1997): „Die Tochter ist das ärgste Elend". Wie Frauen in Indien zu Frauen gemacht werden, Frankfurt: Campus, S. 119
[13] vgl. Maria Mies (1985): Brautpreis, Mitgift und Mitgiftmorde in Indien, in: Beiträge zur feministischen Theorie und Praxis- Geld oder Leben 15/16. Köln: Eigenverlag des Vereins Sozialwissenschaftlicher Forschung und Praxis für Frauen, S. 87

beginnt schon vor der Geburt."[14] Eine nicht selten genutzte Möglichkeit der modernen Medizin ist die gezielte Abtreibung weiblicher Föten nach einer Fruchtwasseruntersuchung. Allein in Mumbai werden jedes Jahr über 50.000 Föten abgetrieben, in ganz Indien sind es mehr als 600.000 - alle sind weiblich. Ein Gesetz, das diese Praxis verbieten sollte, hat sich als wirkungslos erwiesen. So kommt es, dass Indien als einziges Land der Welt mehr Männer als Frauen hat Hinzu kommt die lange Tradition in einigen Regionen Indiens, Säuglinge gleich nach der Geburt umzubringen- z.b. durch Bestreichen der Brustwarzen beim Stillen mit Opium.

Aber auch nach der Geburt werden Mädchen ständig benachteiligt. Sie bekommen weniger und schlechteres Essen als Jungen, was bereits damit beginnt, dass Töchter oft gar nicht oder kürzer gestillt werden, als Söhne. Außerdem werden sie schlechter gepflegt und auch im Krankheitsfall lange nicht so oft zum Arzt gebracht wie ihr Brüder. Alles Tatsachen, die dazu führen, dass die Sterblichkeitsrate zwischen dem ersten und vierten Lebensjahr bei Mädchen viermal so hoch ist wie bei Jungen. Immer noch sterben in Indien ein Drittel aller Kinder vor Erreichen des fünften Lebensjahres an Krankheiten, wie Durchfall oder Tetanus, die einfach zu umgehen wären.[15] Das Dilemma hat seine Wurzeln in der sozialen Situation der Inderinnen:

„Mütter, die als ungeachtete Schwiegertöchter keinen familiären Einfluss haben- oft weil sie `nur' Töchter haben- haben keine zeitlichen, materiellen und psychosozialen Ressourcen, für ihre kleinen Töchter eine auch nur ausreichende Ernährung und Gesundheitspflege zu leisten."[16]

Dass das Manko gerade an den Töchtern hängen bleibt (von Frauenforscherinnen wurde festgestellt, dass das Phänomen der Minderernährung von Mädchen besonders in der Mittelschicht zu beobachten ist), dafür haben Mütter verschiedene Gründe. Man geht davon aus, dass der Nahrungsbedarf der Jungen größer ist; dass sie mehr Kraft brauchen, da sie Verantwortung für die Familie übernehmen werden.[17]

Auch die Bildungssituation ist bei Mädchen eklatant schlechter, als bei Jungens: Von hundert Kindern in einer Grundschule sind nur 40 Mädchen - und das, obwohl die Kindersterblichkeit ganz entscheidend vom Bildungsgrad ihrer Mütter abhängt, denn mit der Schulbildung steigen auch die Kenntnisse über Hygiene und Kinderpflege. Diese Notwendigkeit wird jedoch von dem Großteil der indischen Bevölkerung, der in einer für die in der Geschlechterhierarchie

---

[14] The Times of India, 13. Oktober 1985, zit. nach: Dieter Riemenschneider (Hg.)(1987, 2. Auflage): Shiva tanzt, Das Indien-Lesebuch. Zürich: Unionsverlag, S. 184
[15] vgl. http://www.andheri.de/duelmen/infos/frauen.html
[16] Anna Reiter (1997): „Die Tochter ist das ärgste Elend". Wie Frauen in Indien zu Frauen gemacht werden, Frankfurt: Campus, S. 70
[17] vgl. ebd. S. 69

Untergeordneten fatalen Armut lebt, nicht gesehen. „Weniger bekommen und dürfen, aber mehr müssen"[18], ist die Konsequenz für die Mädchen. Ein großer Teil der im Haus anfallenden Arbeiten wird auf die Mädchen abgewälzt, die dabei entscheidende Tugenden wie Gehorsam und Dienstbarkeit lernen. Sie sind im Hinblick auf die spätere Ehe entscheidend. Bildung hingegen ist eher hinderlich. „Gebildete Mädchen sind schwer `an den Mann zu bringen´. Sie sind zu selbstbewusst und ein entsprechen höher gebildeter Bräutigam würde zu viel Mitgift verlangen."[19] Wieder ist es die Mitgiftpraxis, die den Mädchen wesentliche Chancen verschließt und verhindert, dass sie ähnliche Voraussetzungen wie die Mitglieder des anderen Geschlechtes erhalten. Dies ist jedoch ein Faktor bei dem auch deutlich zwischen der Land- und der Stadtbevölkerung der Mittelschicht unterschieden werden muss. Die Frauen der städtischen Mittelklasse, die Zugang zu Bildungseinrichtungen haben, stellen jedoch eine zahlenmäßig sehr kleine Minderheit der Gesamtbevölkerung dar.[20]

3.2. Psychische Konsequenzen

Ein „ausgesprochener Kostenfaktor" ist die indische Tochter aufgrund der Mitgiftpraxis auch nach Kakar, wenn er im Anschluss daran einleitend bemerkt: „Man würde erwarten, dass die Präferenz für Söhne und die kulturelle Abwertung der Mädchen sich wie in anderen patriarchalischen Gesellschaften auf irgendeine Weise in der Psychologie der indischen Frauen widerspiegelt."[21]

Seine Ausführungen zielen darauf ab, die Faktoren hervorzuheben, die „helfen, den Schaden am Selbstwertgefühl eines Mädchens zu mildern (wenn nicht zu vermeiden), der entstehen kann, wenn sie entdeckt, dass sie in den Augen ihrer Kultur weniger wert ist als ein Junge,(...)."[22] Hier nennt er beispielsweise die besondere mütterliche Zuneigung, die aus einer unbewussten Identifikation der Mutter mit ihrer Tochter erklärbar sei. Dass solche ausgleichenden Faktoren aber notwendig werden, setzt voraus, dass zunächst durch das Gefühl der Unerwünschtheit, das die Mädchen von frühster Kindheit an vermittelt bekommen durchaus die Gefahr einer psychischen Beeinträchtigung besteht. Von einer solchen

---

[18] ebd., S. 75
[19] ebd.. Reiter bezieht sich hier auf Steve Derné (1994): Arranging Marriages: How Fathers´concerns Limit Women´s Educational Achievements. In: C.C. Mukhopadhyay & S. Seymour (1994): Women, Education, and Family Structure in India (Ed.):, Boulder, San Francisco: Westview Press.
[20] Vgl. Mies, Maria(1986): Indische Frauen zwischen Unterdrückung und Befreiung, Rollenkonflikte studierender und berufstätiger Frauen, Meisenheim am Glan: Syndikat, S. 111/112
[21] Sudhir Kakar (1989): Kindheit und Gesellschaft in Indien. Eine psychoanalytische Studie, Frankfurt: Nexus, S. 76/77
[22] ebd. S. 80

Unerwünschtheit spricht auch Reiter (1997). Sie interpretiert die Ergebnisse ihrer Interviews, in denen dieses Thema von den Partnerinnen auffällig wenig thematisiert wurde in meinen Augen überzeugend und äußert im gleichen Kontext explizit Kritik an der Darstellungsweise Kakars. "Mit der klaren Einsicht der Unerwünschtheit zu leben, ist vermutlich für das innere Gleichgewicht derart (zer)störend, dass es nicht gespürt werden darf."[23] Es handelt sich also um eine Art Verdrängungsmechanismus, der jedoch einen hohen Kompensationsaufwand erfordert.[24] Unabhängig davon, ob dies richtig ist, oder nicht, kann man wohl zweifelsfrei von einem geringen Selbstwertgefühl indischer Frauen sprechen. Bumiller schreibt: „ Mich bedrückte besonders, dass gebildete Frauen offenbar ein so geringes Selbstwertgefühl hatten, dass sie bereit waren, weibliche Nachkommen nur wegen ihres Geschlechts zu verhindern."[25] Sie spricht hier von der Abtreibung weiblicher Föten nach einer Amniozentese, die von der Mittelschicht aufgrund ihrer Sozialisierung ebenso wenig wie die Mitgiftpraxis in Frage gestellt wird. Die Internalisierung eines Frauenselbstbildes, dass von Wertlosigkeit geprägt ist, zeigt sich m.E. besonders deutlich in den Überlegungen einer Inderin, die den weiblichen Foetizid befürwortet, denn nur wenn die Frauen „knapp" würden, könne ihr Wert nach den Gesetzten der Marktwirtschaft steigen:

„Aber warum denken wir diese ökonomische Logik(...) nicht bis zu Ende? Vorgeburtliche Geschlechtsselektion wird das Angebot an Frauen reduzieren, sie werden dann wertvoller werden und weibliche Kinder werden besser versorgt werden und länger leben."[26]

3.3.   Ein Beispiel: Suraya

Anna Reiter (1997, S. 76 f) beschreibt die Kindheit der zum Zeitpunkt des Interviews 34jährigen Suraya, die schon als 11jährige in die Rollen der Hausfrau einerseits und der Erwerbstätigen andererseits schlüpfen musste, um die eigene Mitgift zu verdienen. Von der Mutter am Schulbesuch gehindert heiratete sie später einen Alkoholiker und lebt mit ihm und zwei Töchtern in größter Armut. Reiter erklärt die ablehnende Haltung der Mutter gegenüber der Schulbildung mit einer Identifikation der Mutter mit der Tochter, die zur Festlegung auf

---

[23] Anna Reiter (1997): „Die Tochter ist das ärgste Elend". Wie Frauen in Indien zu Frauen gemacht werden, Frankfurt: Campus, S. 67
[24] Hier bezieht Reiter sich auf die Theorie von Stavros Mentzos (1993): Abwehr. In: W. Mertens(Hg.): Schlüsselbegriffe der Psychoanalyse. Stuttgart: Verlag der Internationale Psychoanalyse.
[25] Elisabeth Bumiller (1992): Hundert Söhne sollst du haben...Frauenleben in Indien. München: Knesebeck 1992, S. 175
[26] Kumar, Dharma: Male Utopias and Nightmares, in: Economic and Political Weekly, Col 18 No 3 Januar 1983, S. 64 zit. nach Maria Mies (1985): Brautpreis, Mitgift und Mitgiftmorde in Indien, S. 89

Rollenmuster führe. Die bei Kakar so positiv bewertete Identifikation hat also auch ihre problematischen Seiten.

„ Durch den Tod des Vaters und dem damit nötig gewordenen Verkauf des Haushaltswarengeschäftes waren ihre Mutter, die beiden älteren Brüder und auch sie selbst zur Erwerbsarbeit gezwungen, um zu überleben. Da die Mutter den ganzen Tag als Gemüsehändlerin auf dem Markt verbrachte, musste sich Suraya, wenn sie von ihrer Arbeit in der Streichholzfabrik heimkam, um die gehbehinderte jüngere Schwester kümmern, Wasserholen, am Fluss Wäsche waschen und für die ganze Familie Essen zubereiten. "

Reiter zitiert sie:

„ Es war eine gute Zeit, weil ich Geld verdiente und eine Aufgabe hatte, aber ich war auch oft darüber traurig, dass ich nicht weiter zur Schule gehen und etwas für mein Leben lernen konnte. Deshalb war ich damals mit meiner Mutter im Streit. Meine Brüder meinten, ich sollte zur Schule gehen. Mutter aber war dagegen. "

Dieses Beispiel zeigt m.E. exemplarisch, wie schwierig die Lebensphase der Kindheit indischer Mädchen sich gestalten kann. Sicherlich handelt es sich um ein besonders eindrucksvolles Schicksal, das vom Zusammenkommen vieler negativer Faktoren geprägt ist und von dem man daher nicht auf das Leben eines typischen indischen Mädchens schließen kann. Dennoch ist es nicht unüblich, dass Mädchen nicht zur Schule gehen können.- Und einer der Gründe dafür, der Anteil der Frauen die lesen und schreiben können noch immer vergleichsweise gering ist liegt darin, dass sie insbesondere auf dem Land oftmals gezwungen sind, mit zu verdienen, damit die Familie einst in der Lage sein wird, sie zu verheiraten und die große Mitgiftsumme aufzubringen.

4. Konsequenzen der Mitgiftpraxis in der Lebensphase der Adoleszenz und des Heiratsalters

4.1. Soziale und ökonomische Konsequenzen

Der Zeitraum, welchen ich hier beschreiben möchte, ist ein relativ langer im Leben indischer Mädchen. Dies liegt daran, dass es für sie keine Jugendzeit in dem Sinne gibt, wie wir sie aus unseren Kulturkreisen kennen, sondern ab dem Eintritt in die Pubertät (also etwa dem dreizehnten Lebensjahr) das Leben auf die zukünftige Ehe ausgerichtet ist.

Bei der Beschreibung dieses Zeitraums halte ich es für sinnvoll zwischen denjenigen Mädchen zu unterscheiden, die sich ausschließlich dem Leben in der Familie mit den vielseitigen Pflichten im Haushalt widmen und denen, die die Schule besuchen und anschließend einer Erwerbsarbeit nachgehen.

Die Situation der Mädchen, die Schulbesuch und Erwerbsarbeit kennen lernen, um dann mit der Ehe wieder in traditionelle Rollenmuster zurückversetzt zu werden und die Konflikte, die daraus erwachsen, halte ich für besonders brisant. Vielleicht vergleichbar mit der Lage jener junger Frauen aus der „urban upper middle-class", bei denen die Kluft zwischen modernem Leben und traditionellen Werten ebenfalls besondere Rollenkonflikte verursacht. Die gesellschaftlich-soziale und oft familiäre Eingebundenheit in patriarchale Strukturen macht es für diese Mädchen fast unmöglich, aufgrund der beruflichen Autonomie auch eine innere Unabhängigkeit zu erreichen. Diejenigen der Mädchen aus der Landbevölkerung, die in Berührung mit dem Berufsleben kommen, erleben diese Zeit in dem Bewusstsein, für Mitgift und Verheiratung zu arbeiten. Reiter (1997, S. 101 ff.) beschreibt diese Zeit am Beispiel ihrer Interviewpartnerin Aditi als eine möglicherweise beruflich und privat sehr erfüllte, in der nicht nur ein verhältnismäßig freies und selbstbestimmtes Leben geführt, sondern auch ein gewisses Selbstbewusstsein erlangt werden kann. All dies mit einem Schlag dahin, wenn das Konto soweit angewachsen ist, dass über Zeitungsanzeigen oder den Bekanntenkreis ein scheinbar geeigneter Heiratskandidat ausfindig gemacht werden kann. In dieser Situation ist „das im Namen des Fortschritts propagierte Ziel der Frauenbildung innerhalb der bestehenden Gesellschaftsstruktur zu einem konfliktauslösenden Moment"[27] avanciert. Gründe hierfür liegen nach Mies in:

> „ 1. der nicht umkehrbaren hierarchisch definierten Beziehung zwischen Mann und Frau, wonach die Frau auf keinen Fall älter, gebildeter oder in höherer gesellschaftlicher Position sein darf als der Mann;
> 2. der zwingenden Verpflichtung zur Heirat, wonach eine Unverheiratete keinen Platz in der Gesellschaft hat."[28]

Vergleichend kann man sagen, dass die Auswirkungen der Mitgiftpraxis sich bei diesen finanziell bessergestellten Mädchen sich erst später zeigen. In der Zeit der Adoleszenz haben sie die Möglichkeit ein durch Schulbesuch, eventuell sogar durch eine Hochschulausbildung ein Leben zu führen, das dem ihrer männlichen Altersgenossen ähnelt. Für einschneidend halte ich in Hinsicht auf diese jungen Menschen die Rückkehr in die traditionelle Welt, die im Augenblick der Verheiratung stattfindet.

---

[27] Mies, Maria(1973): Indische Frauen zwischen Patriarchat und Chancengleichheit, Rollenkonflikte studierender und berufstätiger Frauen, Meisenheim am Glan: Syndikat, S. 140/141
[28] ebd. S. 141

Bei den Landmädchen der niedrigeren Schichten ist das Thema Hochzeit und Mitgift hingegen ein allgegenwärtiges, das ihre Jugend durchgängig prägt. Hier verweise ich auf die Ausführungen zu 3.1..

4.2. Psychische Konsequenzen

„An die Kindheit des indischen Mädchens schließt sich oft unvermittelt das Erwachsenenleben an- ohne die Übergangszeit der Pubertät, ohne Vorbereitung, ohne die körperliche, geistige oder psychische Ausstattung dafür aufgebaut zu haben und ohne Entscheidungsmöglichkeiten des betroffenen Mädchens selbst.[29]

In dieser Zeit beginnt noch weitaus stärker als in der Kindheit die Festlegung auf eine bestimmte Rolle in der der eigene Wille nicht vorkommt. Die Tochter wird bewusst dazu erzogen, „ eine gute Frau zu sein und sich die kulturell bestimmten weiblichen Rollenmuster einzuprägen. Sie lernt, dass die weiblichen 'Tugenden`, die sie durchs Leben bringen werden, sowohl Unterwürfigkeit und Fügsamkeit als auch Geschick bei verschiedenen Haushaltpflichten sind.“[30] Kakar schreibt weiterhin, es sei nicht verwunderlich, dass die Mädchen ein schwaches Selbstwertgefühl entwickelten, wenn in einer ohnehin instabilen Lebensphase wie der Pubertät die Erziehung zu Selbstverleugnung und Unterwürfigkeit als Vorbereitung auf die für sie vorgesehenen Rollen als Schwiegertochter und Ehefrau beginne. Indische Mädchen haben, selbst wenn sie Zweifel an dieser Rolle haben sollten, keinerlei Halt: in der eigenen Familie unerwünscht und als Gast betrachtet, da sie diese aufgrund der Patrilokalität zum Zeitpunkt der Eheschließung für immer verlassen werden, sind sie mit solchen Problemen auf sich gestellt und gezwungen, sich der Konvention zu unterwerfen. Die patriarchalen Strukturen bieten ihnen „andere Anpassungsvorgaben als den Frauen der westlichen Welt, um die Entwicklungsstufe der Frauwerdung zu bewältigen.“[31] Sie müssen sich damit abfinden, dass sie in der eigenen Kultur, Geschichte und Gesellschaft, im alltäglichen Leben wertlos sind. Die Strategien, die indische Mädchen entwickeln, um diese Gewissheit zu ertragen und mit ihr zu leben sind so vielfältig und individuell, dass ich hier nicht versuchen möchte, ein sozialpsychologisches Muster als das hervorstechende zu benennen.

---

[29] Anna Reiter (1997): „Die Tochter ist das ärgste Elend". Wie Frauen in Indien zu Frauen gemacht werden, Frankfurt: Campus, S. 85
[30] Sudhir Kakar (1989): Kindheit und Gesellschaft in Indien. Eine psychoanalytische Studie, Frankfurt: Nexus, S. 81
[31] Anna Reiter (1997), S. 109

4.3. Ein Beispiel: Sumitra

Das, was letztendlich bei der arrangierten Ehe, die noch immer die Regel ist[32] zählt, nämlich die Mitgift, beschreibt Hieber ausführlich am Beispiel der zum Zeitpunkt der Verheiratung 17jährigen Sumitra:

„ Damit eine Hochzeit in Indien etwas taugt, muss Geld fließen. Hochzeiten sind in Indien zum Geschäft für die Bräutigamseite geworden und zur oft lebenslangen Verschuldung der Bruateltern. Auch bei Sumitra zählte nicht nur, dass sie als gutaussehendes Mädchen eingestuft wurde und- was in Indien besonders wichtig ist- als relativ hellhäutig. Natürlich schätzen die Eltern des Bräutigams auch das, was sie von den charakterlichen Qualitäten der Braut gehört haben: Sie ist fleißig, hatte keine unerlaubten Liebschaften, gilt als gehorsam und nicht aufmüpfig. Weit mehr aber zählt die Mitgift in Form von Schmuck und anderen teuren Sachen, die sie mit in die Ehe bringt. Auf einer langen Liste hatte das vorher der Vater des Bräutigams mit dem Brautvater ausgehandelt. Er stellte klipp und klar seine Forderungen. Zwei Milchkühe, zehn Saris, (...), ein Transistorradio(...) und so manches andere. Dazu noch tausend Rupien Bargeld. (...) Sumitras Vater ist schon froh, wenn nicht noch während der Hochzeitsfeierlichkeiten eine neue Forderung von seiten der Eltern des Bräutigams auftaucht.(...) Seiner Tochter gibt der Vater gern die teure Mitgift mit auf den Weg. Sie soll nicht mit leeren Händen zur Familie der Schwiegereltern kommen müssen. Je mehr sie mitbringt, um so besser wird sie behandelt werden. (...)'[33]

Hier wird am Beispiel einer wohlhabenden Familie deutlich, was auch während des Seminars noch einmal heraus gearbeitet wurde: dass die Mitgiftproblematik tatsächlich weniger ein Phänomen der Tradition, sondern vielmehr ein Modernitätsphänomen darstellt, welches in besonderem Maße die Mittelschicht betrifft, die sich westlichen Konsumansprüchen und Prestigedenken unterwirft. Forderungen wie das beschriebene Transistorradio, wie Fernseher oder Motorroller sind an der Tagesordnung und spiegeln ein wachsendes materielles Denken vieler Menschen wieder, das von kapitalistischen Wertvorstellungen geprägt ist.

Auch Veränderungsprozesse in diese Richtung bilden den Hintergrund auf dem die Mitgiftpraxis trotz gesetzlichen Verbotes heute mehr denn je floriert.

5. Schlussbemerkung

Tatsächlich kann man also m.E. davon ausgehen, dass die These der Fragestellung „Mitgift-Gift für die Seele‘[34] die immensen psychischen Konsequenzen aus der Mitgiftpraxis auf den Punkt bringt.

---

[32] Liebesheiraten werden nur sehr eingeschränkt in städtischen und wohlhabenden Kreisen praktiziert; sie werden als instabil angesehen. Das Dating- System, auf dem dabei die Partnerwahl beruht, wird nach Mies (1973, S. 12) auch von indischen Frauen als entwürdigend empfunden.
[33] Wolfgang Hieber (1986): Alltag in Indien, Düsseldorf/Wien: Econ, S . 155 f

Sicherlich ist es schwierig mit unseren westlichen Methoden und Wertbildern an eine Kultur, die der unseren so verschieden ist heranzugehen[35]. Gerade aus diesem Grund halte ich es für wichtig, einzelne Faktoren, die bei der Sozialisierung von Frauen solcher Kulturen eine Rolle spielen eingehend zu betrachten und den Versuch einer Einordnung vorzunehmen.

Soziale und ökonomische Folgen aus den immer höher werdenden Mitgiftsummen sind für die Familien immens. Sie stehen unter einem Druck, den sie an die Töchter- bewusst oder unbewusst- weitergeben. Diese spüren bereits in der Wiege, dass ihre Geburt für die Eltern eine Katastrophe darstellt bzw. ihnen zumindest in den meisten Fällen große Sorgen bereitet. Das Gefühl der Unerwünschtheit, das teilweise schon kleine Mädchen in den Suizid treibt und Müttern die Gedanken nahe legt, ein Infantizid sei besser für ihre Töchter, als in diese Gesellschaft hineingeboren zu werden, halte ich durchaus für ein latent vorhandenes. In der Jugend dann, werden die Auswirkungen dieser scheinbar rein ökonomischen Konvention immer deutlicher. Je älter das Mädchen wird, desto zentraler wird das Thema. Ob sie nun der Doppelbelastung von Erwerbstätigkeit und Haushaltsarbeit ausgesetzt ist, um die eigene Mitgift zu verdienen oder nur der Sorge der Eltern um ihre Verheiratung, eine Jugend im Sinne von Selbstfindung oder Sich- Ausprobieren ist in dieser Welt unvorstellbar. – Zumindest für Mädchen.

---

[34] entnommen aus Reiter (1997), S. 118
[35] Auf die Probleme, die sich dabei ergeben können, weist beispielsweise auch Mies (1973, S. 13) hin

Literaturverzeichnis

Bumiller; Elisabeth (1992): Hundert Söhne sollst du haben...Frauenleben in Indien. München: Knesebeck 1992

Hieber, Wolfgang (1986): Alltag in Indien, Düsseldorf/Wien: Econ

http://www.andheri.de/duelmen/infos/frauen.html

http://www.dadalos.org/deutsch/Menschenrechte/Grundkurs_MR3/frauenrechte/warum/mitgif t.html

http://www.andheri.de/duelmen/infos/frauen.html

Kakar, Sudhir (1989): Kindheit und Gesellschaft in Indien. Eine psychoanalytische Studie, Frankfurt: Nexus

Mehta, Gita (1997), Und immer wieder neue Himmel finden. Betrachtungen einer Inderin über ihr Land. München: Blessing

Mies, Maria (1985): Brautpreis, Mitgift und Mitgiftmorde in Indien, in: Beiträge zur feministischen Theorie und Praxis- Geld oder Leben 15/16. Köln: Eigenverlag des Vereins Sozialwissenschaftlicher Forschung und Praxis für Frauen, S. 77-93

Mies, Maria(1973): Indische Frauen zwischen Patriarchat und Chancengleichheit, Rollenkonflikte studierender und berufstätiger Frauen, Meisenheim am Glan: Syndikat

Reiter, Anna (1997): „Die Tochter ist das ärgste Elend". Wie Frauen in Indien zu Frauen gemacht werden, Campus Frankfurt:

Riemenschneider; Dieter (Hg.)(1987, 2. Auflage): Shiva tanzt, Das Indien-Lesebuch. Zürich: Unionsverlag

The Times of India, 13. Oktober 1985, zit. nach: Dieter Riemenschneider (Hg.)(1987, 2. Auflage): Shiva tanzt, Das Indien-Lesebuch. Zürich: Unionsverlag

Zimmermann, Peter (2000, 6. Auflage): Grundwissen Sozialisation, Opladen: Leske & Budrich

16

Anlagen

I. Thesenpapier

Proseminar:	Frauensozialisation im interkulturellen Vergleich
Leitung:	Kirsten Nazarkiewicz
Referentinnen:	Nadine Stern, Anke Röwe
Datum:	19.01.03

Frauenleben in Indien

⇨ Es gibt 4 verschiedene Lebensphasen der indischen Frau:

1. Kindheit

Zitat aus einem Gebet:
„Die Geburt eines Mädchens gewähre sonst wo, hier gewähre einen Sohn."

- in Indien herrscht eine Vorliebe für Söhne, Mädchen sind **unerwünscht**
- oft kommen traditionelle und moderne Tötungsmethoden zum Einsatz um sich der Mädchen zu entledigen
- Mädchen, die doch geduldet werden, werden in Bezug auf **Ernährung und Pflege vernachlässigt**, da sie „entbehrlich" sind
- **Bildung** ist **nicht notwendig**, denn Mädchen richten von klein auf ihre Energie auf 2 Dimensionen:
1) Befriedigung der Bedürfnisse anderer
2) Anpassung an männliche Maßstäbe
- Mädchen bekommen durch das Hochloben ihrer Brüder ihre **Unerwünschtheit** mit, finden sich aber meistens damit ab

2. Jugend und Heiratsalter

- die Mädchen stolpern von der Kindheit ins Erwachsenenleben ohne Übergang der Pubertät
- das Heiratsalter liegt in Indien bei durchschnittlich 13 Jahren
- Folgen der Kinderehe sind:
a) Verlust der Kindheit
b) Überforderung
c) Keine Entfaltungsmöglichkeiten
- oft sind die Mädchen zerrissen zwischen Anpassung und Widerstand => Suizidgefahr
- Bedeutung der Mitgift:
* immer noch von großer Bedeutung, obwohl sie seit 1961 gesetzlich verboten ist
* Enteignung der Frau und Ermächtigung zur Kontrolle über die Frau
* macht die Position von Mann und Frau in der indischen Gesellschaft deutlich
* oft finanzieller Ruin
- Bekämpfung:

* Frauenorganisationen wie „SAHELI", die Mitgiftopfer unterstützen
* Umdenken in der Gesellschaft

3. Heirat und Ehe

- Einleitung des Erwachsenenlebens mit Heirat, die untrennbar mit Mutterschaft verknüpft ist
- **Sozialer Druck** (absolute Rechtlosigkeit und Unterstellung der Prostitution bei Nicht-Verheirateten) **zwingt zur Ehe**

  Es ist „besser, mit einem Mann zu leben, der ein bekannter Feind ist als unter Männern, die anonyme Feinde sind." Ausspruch einer ind. Frau

- Sozial anerkannt sind in ländlichen Kreisen nur **arrangierte Ehen**, nicht aber Liebesehen
- In beiden Fällen oft: ‚**domestic violance**": Gewalt bis hin zu immer noch häufigem Mord an der Ehefrau aufgrund von Mitgiftforderungen nach der Heirat
- Durch die **Patrilokalität** wird das Mädchen mit der Hochzeit aus der eigenen Familie herausgerissen, in der sie bislang nur als Gast geduldet war und in die Familie des Mannes, die meist Großfamilie ist, hineinverpflanzt. Daraus ergeben sich Probleme:
  * oft schwere Konflikte vor allem mit der Schwiegermutter
  * Isolation, Fremdheit, Verunsicherung- inneres und äußeres Exil in den ersten Ehemonaten
  * Alleingelassensein mit der neuen Rolle, die der einer Dienstmagd gleicht
  * oft Gewalt und Alkoholismus des Ehemanns, kein Entkommen möglich
  (* bei gebildeten Frauen können Interrollenkonflikte hinzukommen)

4. Mutterschaft

- Tief verwurzelte, traditionell verankerte Verehrung **der Mutterschaft & Verteufelung der Kinderlosigkeit**

  god cannot be everywhere and therefore he made mothers."

- Aber: Weitere Manifestierung der **Abhängigkeit** von der Schwiegerfamilie in der Mutterrolle- zusätzlich zur Rolle als devoter Ehefrau, als Schwiegertochter, als Hausfrau
- Durch eine Geburt erfährt die Frau Bestätigung, Befreiung und vor allem **Aufwertung,** dies gilt in ungleich höherem Maße für Geburt eines **Sohnes**
- Oft stellt die Mutterschaft gar ein lebensrettendes Moment dar, denn Geburtenlosigkeit kann zu Verstoß oder Tötung der Frau führen, damit der Mann mit einer anderen Frau Söhne zeugen kann
- Die Geburt von Töchtern wird aufgrund komplexer Wirkungszusammenhänge oft so sehr als Versagen empfunden, dass die **Abtreibung weiblicher Foeten** stark verbreitet ist.
- In einigen Regionen gipfelt diese Einstellung in „**female infanticide**" (der Tötung weiblicher Babys kurz nach der Geburt). Reiter bezeichnet die Frau hier als „Erfüllungsgehilfen einer längst getroffenen sozialen Entscheidung" (S.211).

18

Literatur: Reiter, Anna (1997), „Die Tochter ist das ärgste Elend". Wie Frauen in Indien zu Frauen gemacht werden. Frankfurt: Campus.

II. Folien

Folie 1:

Delikte im Zusammenhang mit Mitgift

Von der Aktivistinnengruppe „Street Atyachar Virodhi Parishad"
bearbeiteten Mitgiftdelikte gegen Frauen in drei Regionen Indiens.

Art der Gewalttaten	1980	1984	1988	1993
Wegen der Mitgiftforderungen zerbrochene Ehen	13	40	45	52
Mysteriöse Todesfälle jungvermählter Frauen wegen Mitgiftforderungen, Alkoholsucht des Ehemanns etc.	45	87	90	101
Gewaltanwendung gegen Ehefrauen wegen Mitgiftforderungen, Alkoholabhängigkeit des Ehemanns etc.	27	48	56	79
Gewaltanwendung gegen Ehefrauen in Zusammenhang mit der Forderung nach ihrem elterlichen Erbanteil	2	13	37	91

(Quelle: Seema Sakhare, Mysore, 1993, 6/7 zit. nach Anna Reiter (1997): „Die Tochter ist das ärgste Elend". Wie Frauen in Indien zu Frauen gemacht werden, Frankfurt: Campus , S. 163)

Jährlich werden mittlerweile in ganz Indien ca. **5000 Mitgiftmorde** registriert.

Folie 2:

„Female infanticide"

Sinken des weiblichen Bevölkerungsanteils je 1000 Männer:

	1901	*1981*	*1991*
Gesamtindien	972	925	928
Gesamt Tamil- Nadu	-	977	972
Distrikt Salem	-	949	932
Distrikt Coimbatore	-	950	910
Distrikt Dharmapuri	-	959	944

(Quelle: Venkatchalam, 1992,: 32, zit. nach Anna Reiter (1997): „Die Tochter ist das ärgste Elend". Wie Frauen in Indien zu Frauen gemacht werden, Frankfurt: Campus , S. 163)

Empirische Aussagen zum Umgang mit „female infanticide":

Zahl	in %	Umgang der beforschten Frauen mit „female infanticide"
476	38	würden female infanticide praktizieren (müssen)
111	9	begingen female infanticide in den letzten 2 Jahren
837	67	wissen von female infanticide im eigenen Dorf
547	44	Haushalte, in denen female infanticide begangen wurde
98	7	Ultraschalluntersuchung mit anschl. Abtreibung des weiblichen Foetus

(Quelle: Venkatchalam, 1992,: 25, zit. nach Anna Reiter (1997): „Die Tochter ist das ärgste Elend". Wie Frauen in Indien zu Frauen gemacht werden, Frankfurt: Campus , S. 163)